A Systematic
Approach to
Personal
Support Plans

지원정도척도(SIS)를 활용한
# 발달장애인
# 개인지원계획

Robert L. Schalock
James R. Thompson
Marc J. Tassé 공저

서효정
임경원
전병운 공역

학지사

　세계적으로 장애인을 위한 지원 패러다임은 서비스 기관 중심의 지원 제공에서 개인 수요자 중심의 지원 제공으로 진화하여 왔으며, 이러한 변화의 중심에는 장애인들의 삶의 질 개념이 자리 잡고 있다. 삶의 질에 대한 관심은 장애인을 위한 학령기 및 평생교육에서 제공하는 서비스의 질을 향상시켜 장애인들의 삶에 유의미한 혜택을 줄 수 있음에 근거하는 것으로, 개별 장애인의 요구에 근거하여 지원을 제공하고 기관의 서비스를 관리하며, 종국에는 개인의 주관적인 삶의 질을 향상시키는 데 목적이 있다. 장애인의 지원요구를 측정하는 것은 수요자 중심의 지원체계를 구축하는 데 핵심적인 역할을 하며, 최근 학계에서는 장애인의 지원요구를 객관적으로 측정하고 개별화된 지원계획을 수립하기 위해 성인용 및 아동용 지원정도척도(Supports Intensity Scale: SIS)를 개발하여 보다 유연한 서비스 전달체계를 마련하고자 노력하였다.

　이 책은 삶의 질과 지원정도척도의 하위구성요인을 성과체계(outcome

framework)로 두고 발달장애인의 개인지원계획을 수립·실행·평가하는 순환적 과정에 대한 체계적 접근 단계 및 구성요소들을 설명한다. 아울러 개인지원계획의 수립 및 실행과 관련된 네 가지 사례를 제시하여, 개인지원계획이 어떤 방식으로 구현되어야 발달장애인의 개별적이고 독특한 요구에 부응할 수 있을지, 발달장애인 개인이 지역사회에 보다 의미 있게 참여하고 가치 있는 구성원이 되기 위해 필요한 지원체계는 무엇인지에 대한 길라잡이를 제공한다.

이 책의 본문에도 강조되어 있지만 현장에서 개인지원계획의 체계적인 접근 요소를 통합할 때 비록 그 형식은 다양할 수 있겠으나, 개인지원계획은 개인, 개인의 목표, 측정된 지원요구에 대한 이해에서부터 시작하여 지원 목표와 성과를 중점으로 개발되어야 하며, 계획의 실행 및 평가 과정으로 마무리되어야 한다. 역서라는 제한이 따르긴 하지만 이 책에서 다룬 개인지원계획에 대한 이론적·실제적 내용이 실제 현장에서 서비스 제공자들이 느꼈던 어려움을 개선하는 데 조금이나마 도움이 되기를 바란다.

끝으로, 이 책을 출간할 수 있도록 도움을 주신 학지사 김진환 사장님을 비롯한 편집부 임직원분들께 감사의 인사를 전한다.

2020년 5월
역자 일동

소개

　이 책의 목적은 좋은 정보를 바탕으로 개인지원계획에 대한 체계적인 접근을 설명하기 위함이다. 성인용 지원정도척도(Supports Intensity Scale-Adult Version: SIS-A™; Thompson et al., 2015)와 아동용 지원정도척도(Supports Intensity Scale-Children's Version: SIS-C™; Thompson et al., 2016)를 통해 얻은 평가 결과는 개인지원계획을 개발하는 데 활용될 수 있다. 이 책은 이러한 개인지원계획 개발에 관련된 단계(각각의 구성요소, 실행 단계)들을 설명한다. 개인에 대한 이해, 개인의 지원요구에 대한 이해, 개인지원계획 개발, 개인지원계획 실행, 개인지원계획 검토, 결과 평가하기의 과정이 이에 해당한다. 각 구성요소와 단계를 설명하기 위해 제시된 자료들은 Gomez와 Verdugo(2016), Herpes, Buntinx, Schalock, van Breukelen과 Curfs(2016), Mostereret(2016), Shogren과 Turnbull(2014), 그리고 Verdugo, Navas, Gomez와 Schalock(2012)의 출판물을 기초로 하였다.

마지막 영역에는 네 가지의 사례(exhibits)를 제시하였다. 제시된 사례들은 개인지원계획을 계획하고 실행할 때 앞서 설명한 체계적인 접근의 하나 혹은 그 이상의 구성요소와 실행 단계를 적용한 기관들로부터 제공되었다. 저자들은 자신의 통찰력, 창의력, 노력 결과를 공유한 다음의 분들에게 감사함을 전하고자 한다.

- 사례 1: 한 장으로 보는 개인지원계획
  》 Tim Lee: 최고경영자, Qi Zhi 재활훈련센터, Taipei, Taiwan
    (이메일: tim.lee@vtcidd.org)

- 사례 2: 개인지원계획(ISP) 개발의 연속적 단계
  》 Cynthia Roling: 전무이사, Milieu 가족 서비스, British Columbia, Canada
    (이메일: cynthia.roling@milieu.ca)
  》 Yisrael Shurack: 품질보증 매니저, Milieu 가족 서비스, British Columbia, Canada
    (이메일: yisrael.shurack@milieu.ca)

- 사례 3: 개인지원계획 과정에 성인용 지원정도척도(Supports Intensity Scale-Adult Version, SIS-A$^{TM}$)의 사용
  》 Donna Ohling: 프로그램과 개발 측 부대표, AZTEC-Phoenix,

Arizona

(이메일: dohling@aztec1.net)

》 Robyn Ratcliff: 특수 프로젝트 디렉터, AZTEC

(이메일: rratcliff@aztec1.net)

》 Jackie Webb: 프로그램 서비스 코디네이터, AZTEC

(이메일: jwebb@aztec1.net)

》 Vince Scott: 전무이사, AZTEC

(이메일: vscott@aztec1.net)

• 사례 4: 성과 중심의 개인지원계획 형식

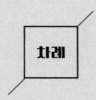

**차례**

# 1

A Systematic
Approach to Personal
Support Plans

---

## Chapter 1

# 체계적 접근의 단계

개인지원계획은 개인의 강점과 요구에 맞추어지고, 개인의 목표 달성과 웰빙 향상을 촉진하는 지원체계를 제공하기 위한 체계적인 접근방법이다. 본 장에서는 **체계적 접근방법에 대한 여섯 개의 구성요소**에 대해 설명한다. 이 구성요소들의 순차적인 특징은 [그림 1]에 표시되어 있다. [그림 1]에 제시된 구성요소들은 활발하게 활용되고 있는 Thompson 등(2015)의 다섯 가지 구성요소 지원 계획 모델(5-component supports planning model)과 일치한다. 이 과정은 다음을 포함한다. (a) 바람직한 삶의 경험과 개인의 성과를 판별하고, 지원요구를 측정하는 것을 포함하는 입력(inputs) 단계(Thompson 등의 모델에서 구성요소 1과 2에 해당), (b) 계획을 개발, 실행하고, 모니터링하는 것을 포함하는 중간(throughputs) 단계(구성요소 3, 4에 해당), (c) 구성요소 1에서 판별한 바람직한 삶의 경험 및 개인의 성과와 구성요소 3에서 확인한 지원 전략이 개인과 연관된 정도를 평가하는 것을 포함하는 성과(outcomes) 단계(구성요소 5).

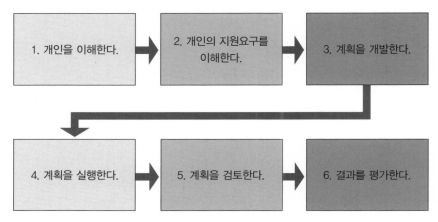

[그림 1] 개인지원계획에 대한 체계적 접근의 구성요소들

독자의 이해를 돕기 위해, 각 구성요소와 관련된 주요 실행 단계들을 〈표 1〉에 요약하였다. 각 단계는 다음 페이지에서 좀 더 자세하게 설명될 것이다.

〈표 1〉 개인지원계획에 대한 체계적 접근 방법과 관련된 구성요소와 실행 단계들

| 구성요소 | 실행 단계 |
|---|---|
| 1. 개인을 이해한다. | • 개인지원계획의 대상자와 대화를 한다.<br>• 개인의 목표를 확인한다.<br>• 개인의 장점과 자산(assets)을 확인한다.<br>• 개인중심계획(Person-Centered Planning: PCP) 절차를 활용한다. |
| 2. 개인의 지원요구를 이해한다. | • 표준화된 지원요구 평가를 완료한다.<br>• 사용자 친화적인 형식으로 평가 데이터를 요약한다.<br>• 전문가의 권고사항과 지원요구 평가 정보를 통합한다. |

| 3. 개인지원계획을 개발한다. | • 성과체계(outcome framework)와 성과범주(outcome category)를 선택한다. <br> • 선택된 성과체계/범주 내에서 개인 목표들의 우선순위를 정한다. <br> • 개인의 목표와 관련된 필요한 지원들을 확인하기 위해 지원정도척도(Supports Intensity Scale) 평가 결과를 사용한다. <br> • 지원체계의 요소들을 목표 관련 지원요구에 맞춘다. <br> • 계획된 각 지원을 위해 지원 목표를 명시한다. |
|---|---|
| 4. 개인지원계획을 실행한다. | • 준수를 확인한다(assure adherence). <br> • 능숙함을 확인한다(assure competence). <br> • 차별성을 확인한다(assure differentiation). |
| 5. 개인지원계획을 검토한다. | • 실행 충실도를 평가한다. <br> • 지원 목표의 상태를 평가한다. <br> • 개인 목표와 지원 목표, 제공된 지원에 대한 지속적인 관련성에 대해 논의한다. |
| 6. 결과를 평가한다. | • 개인 목표 달성을 평가한다. <br> • 목표 달성과 지원 제공 간의 관계를 결정한다. |

## 구성요소 1: 개인을 이해한다

〈구성요소 1〉의 목적은 개인의 **개인 목표와 강점**을 확인하는 것이다. 교육/지원 팀이 개인의 목표와 강점/자산(assets)을 이해하는 것으로 개인지원계획 절차를 시작하는 이유는 다음과 같다. (a) 개인의 목표를 중심으로 계획을 개발하는 것은 당사자의 흥미, 동기, 몰입, 소유 의식(sense of ownership)을 증대시킨다. (b) 개인이 성장하고 발전할 수 있는 잠재력을 강조하는 장애에 대한 역량 접근법을 반영한다(Nussbaum, 2011). (c) 지원계획 및 제공에 대한 강점 기반 접근법을 사용한다. (d) 개인에게 중요한 것과 개인을 위해 중요한 것과의 차이를 구별한다. (e) 개인의 목표를 가치 있는 성과범주에 결합시킨다. (f) 개인의 목표를 지원체계의 특정요소와 바람직한 결과에 맞춘다. 이러한 목적과 근거는 다음의 실행 절차들에 대한 기초를 제공한다.

### 대상자와 대화를 한다

대화는 대상자와의 직접적인 대화, 대상자의 관찰 또는 대상자를 잘 아는 개인들이 제공하는 정보들을 기초로 한다. 집단행동계획(group action planning), 필수생활계획(essential lifestyle planning), 개인미래계획(personal futures planning), 희망으로 대안적인 미래계획하기(planning alternative tomorrow with hope)와 같은 개인중심계획의 프레임워크(framework)는 대화의 기본 틀로 제공될 수 있다(Shogren et al., 2017). 여기서 중요한 점은 대화는 피상적이거나 빠르게 실행되는 것이 아니라는 점이다. 대화는 반드시 의미가 있어야 하고, 개인의 의견을 경청해야만 한다. 대화를 하면서 수집해야 하는 정보는 개인이 하루를 어떻게 보내고 싶어 하는지에 대한 정보, 개인이 무엇에 관심이 있는지에 대한 정보, 개인이 어디에서 살고 싶은지, 학교는 어디로 가고 싶은지, 근무지는 어느 곳에서 하고 싶은지에 대한 정보, 개인이 시간을 함께 보내고 싶은 사람은 누구인지, 개인이 안전하다고 느끼는(혹은 표현하는) 것이 무엇인지에 대한 정보, 개인이 여가 시간과 레크리에이션 시간에 무엇을 하는지에 대한 정보를 포함한다.

## 개인의 목표를 확인한다

개인의 목표는 위의 대화로부터 시작된다. 대화를 조직하는 데 도움이 되기 위해, 성과체계(outcome framework)가 사용될 수 있다. 일반적으로 두 개의 체계가 사용되는데, 첫 번째는 SIS-A와 SIS-C를 사용하여 평가되는 생활활동 영역이며, 두 번째는 개인의 성장, 자기결정, 대인관계, 사회적 통합, 권리, 정서적 웰빙, 신체적 웰빙, 물질적 웰빙 등으로 구성된 여덟 가지 삶의 질 영역이다. 이러한 두 가지 체계에 대해서는 3~5장에서 제시될 예를 통해서 설명될 것이다.


## 개인의 강점과 자산을 확인한다

개인의 강점과 자산을 판별하기 위해 보통 두 가지 정보가 사용된다. 첫 번째는 개념적, 사회적, 실제적 기술을 포함하는 개인의 **적응행동**에 중점을 둔다.

- 개념적 기술은 표현 언어, 수용 언어, 읽기, 쓰기, 금전 개념, 자기지시 등을 포함한다.
- 사회성 기술은 대인관계기술, 책임감, 자존감, 최소한의 순진성 혹은 순수함, 규칙을 따르고 법을 준수하며 희생을 피하는 것을 포함한다.
- 실제적 기술은 식사, 식사 준비, 집안 돌보기, 이동, 전화기 사용, 화장실 사용, 자기 관리, 개인 안전, 직업 기술을 포함한다.

개인의 강점과 자산은 그 개인이 활용 가능한 **자연적 지원**으로도 이해될 수 있다. 자연적 지원은 지원 네트워크(예를 들어, 가족, 친구, 또래, 직장동료 등)를 구축하고 유지하는 것과, 자기옹호, 우정, 지역사회 참여, 사회적 참여 등을 발전시키는 것을 포함한다.

# 구성요소 2: 개인의 지원요구를 이해한다

　　체계적 접근에 관한 두 번째 구성요소의 목적은 개인의 생활 활동 영역과 예외적인 의료적, 행동적 **지원요구의 패턴과 정도를 결정**하는 것이다. 지원 팀 내에서 개인의 지원요구에 대한 패턴과 정도를 결정하는 것은 다음의 사항들과 이어지게 되기 때문이다. (a) 주요 생활 활동 영역에 성공적으로 참여하기 위해 개인에게 중요한 지원 영역을 파악한다. (b) 예외적인 의료적 및 행동적 지원요구를 판별한다. (c) "사람을 고친다"라는 인식으로부터 "현재 상태(what is)와 될 수 있는 것(what can be)과의 차이를 메우는 것"으로 인식을 변화시킨다. (d) 지원계획에 대한 증거 기반 접근법을 제공한다. 이러한 목적과 근거는 다음의 실행 단계에 대한 기초를 제공한다.

## 표준화된 지원요구 평가를 완료한다

　　성인용 **지원정도척도**(Supports Intensity Scale–Adult Version: SIS-A™)와 **아동용 지원정도척도**(Supports Intensity Scale–Children's Version: SIS-C™)는 개인의 지원요구의 패턴과 정도에 관한 정보를 제공하는 표준화된 검사도구이

다. 검사도구에 대한 설명은 각 검사도구의 사용자 매뉴얼(Thompson et al., 2015, 2016)과 AAIDD 백서(white paper)인「지원정도척도의 신뢰도와 타당도에 관한 증거」(Thompson, Schalock, & Tassé, 2018, http://aaidd.org/sis/white-papers/)에서 찾아볼 수 있다.

## 사용자 친화적인 형식으로 지원요구 데이터를 요약한다

SIS-A와 SIS-C는 지원 팀이 정보를 보다 손쉽게 활용할 수 있도록 하기 위해, 사용자 친화적이고 사용자의 요구에 따른 지식(knowledge-on-demand) 형태로 변환될 수 있는 충분한 자료를 제공한다. 이를 위해 유용한 방법은 생활 활동 영역의 SIS 문항들에 대해 순위(총 점수 기준으로)를 부여하는 것이다. 〈표 2〉에서 예를 살펴볼 수 있다. 개인의 프로필과 지원요구 정도에 대해 〈표 2〉에 제시된 요약된 내용은 사용자의 요구에 따른 지식(knowledge-on-demand)의 예를 나타낸다. 이렇게 정리된 표는 다양한 방법으로 지원 팀에 제공될 수 있고, 팀 구성원들이 가정생활과 관련된 개인의 지원요구를 보다 분명하고 충분하게 이해할 수 있도록 돕는다. 개인이 좀 더 독립적으로 생활하고자 하는 목표가 있다면, 이는 지원 팀에게 필수적인 정보가 된다. SISOnline[1] 사용자에게 제공되는「가족 친화적 보고서(Family Friendly

---

1) 번역자 설명: SISOnline은 지원정도척도의 활용을 도모하기 위해 구축된 웹 기반의 플랫폼으로, 지원정도척도의 실행, 점수 및 보고서 확인 등을 하는 데 활용될 수 있다. 자세한 설명은 https://www.aaidd.org/sis/sisonline에서 확인할 수 있다.

Report)」에 대한 상세한 논의는 「지원정도척도의 신뢰도과 타당도에 관한 증거」(Schalock, Thompson, & Tassé, 2018, http://aaidd.org/sis/white-papers/) 백서에서 찾아볼 수 있다.

〈표 2〉 SIS-A 가정생활활동 문항들에 대한 순위 요약

| 문항 | 지원의 종류 | 빈도 | 일일지원시간 | 총점 |
|---|---|---|---|---|
| 음식 준비하기 | 4-전체적인 신체적 지원 | 3-최소한 하루에 한 번, 시간당 한 번은 아님 | 3-2시간에서 4시간 | 10 |
| 가전제품 조작하기 | 4-전체적인 신체적 지원 | 3-최소한 하루에 한 번, 시간당 한 번은 아님 | 2-30분에서 2시간 미만 | 9 |
| 목욕하기와 개인 위생 · 몸단장하기 | 3-부분적인 신체적 도움 | 3-최소한 하루에 한 번, 시간당 한 번은 아님 | 3-2시간에서 4시간 | 9 |
| 의복 관리하기 (세탁하기 포함) | 2-언어적/몸짓 촉구 | 2-최소한 일주일에 한 번, 하루에 한 번은 아님 | 2-30분에서 2시간 미만 | 6 |
| 식사하기 | 2-언어적/몸짓 촉구 | 2-최소한 일주일에 한 번, 하루에 한 번은 아님 | 2-30분에서 2시간 미만 | 6 |
| 집안 관리 및 청소하기 | 3-부분적인 신체적 도움 | 2-최소한 일주일에 한 번, 하루에 한 번은 아님 | 1-30분 미만 | 6 |
| 옷 입기 | 1-관찰 (모니터링) | 2-최소한 일주일에 한 번, 하루에 한 번은 아님 | 1-30분 미만 | 4 |
| 화장실 사용하기 | 0-없음 | 0-없음 또는 월 1회 미만 | 0-없음 | 0 |

## 전문가의 권고사항과 지원요구 정보를 통합한다

교육 또는 지원 팀이 직면하게 되는 아주 어려운 점들 중의 하나는 SIS-A 또는 SIS-C와 같은 표준화된 평가도구로부터 얻은 지원요구 데이터를 다른 전문가(들)에 의해 제안된 중재와 종합하고, 이 정보를 개인의 개인지원계획 (personal support plan)의 다른 구성요소들과 연계시키는 것이다. 이러한 과정에서 발생하는 어려움은 측정된 지원요구 데이터(SIS-A 또는 SIS-C로부터 얻어진 데이터)와 전문가들로부터 얻은 중재와 관련된 조언들(심리학자, 작업치료/물리치료사, 언어치료사, 정신과 전문의 등으로부터 받은 조언들)을 종합할 수 있도록 지원 팀이 〈표 1〉과 〈표 5〉의 "지원체계 프레임워크(a system of supports framework)"를 사용하면 해결될 수 있다. **지원체계 프레임워크**는 지원 팀에게 지원요구/조언이 "전문적 중재" "통합적인 환경" 또는 "특정 지원 전략"을 망라하는지에 대한 여부를 결정할 수 있는 방법을 제공한다. 이러한 통합작업은 개인지원계획(구성요소 3)을 개발하고 "지원체계 요소를 개인의 목표와 관련된 지원요구에 맞추기 위한" 관련 절차를 개발하는 데 중요한 요소가 된다.

# 구성요소 3: 개인지원계획을 개발한다

이 구성요소의 목적은 개인의 목표 및 지원요구를 특정 지원체계 요소와 바람직한 성과에 연계시키는「성과에 중점을 둔 개인지원계획」을 개발하는 것이다. 개인지원계획은 그 대상자와 함께 개발되어야 하고 개인의 목표와 강점에 기반해야 하며, 당사자에게 중요하고 그 사람을 위해 중요한 것을 반영해야 한다. 저자들은 이러한 계획을 수행하는 팀들이 대상자의 나이, 관할 법령, 규정, 전통에 따라서 그들의 교육/서비스/재활 계획을 개발하는 데 서로 다른 과정과 형태를 활용함을 인정한다. 저자들의 의도는 개인지원계획을 개발하기 위한 단 하나의 최적 방법을 제안하는 것이 아니라, 지원계획 개발 과정에 다음의 5단계 절차를 도입하는 것에 대한 중요성을 강조함에 있다.

## 성과체계와 성과범주를 선택한다

〈표 3〉은 개인지원계획을 개발하고 평가하기 위해 점차적으로 활용되고 있는 두 개의 성과체계(outcome framework)와 이와 관련된 성과범주(outcome category)들을 요약한다. 누군가는 SIS-A 및 SIS-C(Thompson et al., 2015,

2016)에서 측정할 수 있는 일곱 개의 생활 활동 영역을 도입할 수도 있고, 또 누군가는 "개인성과척도(personal outcomes scale)"(van Loon, van Hove, Schalock, & Claes, 2008)를 비롯한 다양한 삶의 질 평가도구들에서 사용되는 여덟 개의 삶의 질 영역을 활용할 것이다. 이어지는 단계들에서 설명된 것처럼, 이러한 체계들은 개인 목표에 대해 우선순위를 부여하고, 지원체계 요소들을 개인의 목표와 관련된 지원요구에 연계시키는 데 사용될 수도 있다.

### 성과체계/범주 내에서 개인 목표의 우선순위를 정한다.

선택된 성과체계 및 성과범주 내에서 **개인 목표의 우선순위**를 정하는 것은 한정된 자원(시간, 자금, 전문지식, 경험, 기술, 사회적 자본 등으로 정의)을 최대화하기 위해 개인에게 또 개인을 위해 중요한 충분한 정보를 지원 팀이 종합하고 조직하는 것을 요구한다. 우선순위 매김은 다음의 세 가지를 고려한다. 첫째, 모든 성과범주(〈표 3〉)가 대상자에게 적용되지는 않음을 인식하는 것에서부터 시작한다. 둘째, 어떠한 개인의 목표가 개인의 강점과 흥미에 가장 적합한지를 판단한다. 셋째, 개인을 위해 중요한 지원요구를 개인에게 중요한 하나 또는 그 이상의 개인 목표 영역에 포함시킨다. 다음에 예시가 제시되어 있다.

〈표 3〉 일반적으로 사용되는 성과체계 및 성과범주

| 성과체계 | 성과범주 – 아동 | 성과범주 – 성인 |
|---|---|---|
| 생활 활동 영역 | • 의료<br>• 행동<br>• 가정생활<br>• 지역사회 및 이웃<br>• 학교 참여<br>• 학교 학습<br>• 건강과 안전<br>• 사회성<br>• 자기옹호 | • 의료<br>• 행동<br>• 가정생활<br>• 지역사회 생활<br>• 평생학습<br>• 고용<br>• 건강과 안전<br>• 사회성<br>• 참여와 옹호 |
| 삶의 질 영역 | • 개인의 성장<br>• 자기결정<br>• 대인관계<br>• 사회적 통합<br>• 권리<br>• 정서적 웰빙<br>• 신체적 웰빙<br>• 물질적 웰빙 | • 개인의 성장<br>• 자기결정<br>• 대인관계<br>• 사회적 통합<br>• 권리<br>• 정서적 웰빙<br>• 신체적 웰빙<br>• 물질적 웰빙 |

**대상자를 위해 중요한 지원요구를 개인 목표에 포함시키는 사례**

개인 목표: 개인용 컴퓨터를 소유하는 것

성과범주: 평생학습(SIS-A) 또는 개인의 성장(QOL, 삶의 질 영역)

평가된 지원요구:

- 쇼핑하고 물건을 구매하기
- 취업하기
- 자금 관리 기술을 학습하고 사용하기
- 컴퓨터 기술을 학습하고 사용하기
- 타인으로부터 이용당하거나 피해를 입는 것으로부터 자신을 보호하기

## 목표와 관련된 필요한 지원들을 확인하기 위하여 SIS 데이터를 사용한다

지원 팀이 성과체계와 성과범주들을 선택하고 개인의 목표들에 대해 우선순위를 부여했다면, 지원계획을 개발하기 위한 다음 절차는 목표 달성에 필요한 지원들을 파악하기 위하여 SIS-A 또는 SIS-C를 통해 얻은 문항 점수를 이용하는 것이다. 이러한 활동은 각 성과범주와 관련된 SIS 문항들을 목록화하는 것으로 사용자 친화적이고 요구에 따른 지식 행렬(matrix)을 포함한다. 만약 지원 팀이 SIS 생활 활동 영역을 성과체계로 사용한다면, 각 생활 활동 영역에서 최고점을 받은 SIS 문항들이 목표와 관련된 필요한 지원들로 나열된

다. 이렇게 식별된 목표 관련 필요 지원들은 특정 지원체계 요소에 연계될 수 있으며, 이에 대한 보다 자세한 설명은 다음 영역(section)에 설명되어 있다. 예를 들어, 만약 개인 목표 중의 하나가 스스로 아파트에 생활하는 것이고 〈표 2〉에 제시된 정보들을 참고한다면, 지원 팀은 개인이 다양한 가전제품을 안전하게 동작시키고 음식을 준비하는 방법을 시연해 줄 청각 혹은 시각 장치("공학과 관련된 지원")를 선택할 것이다. 또한 목욕하는 방법, 개인위생 및 몸단장을 지도하기 위해 과제분석에 기반한 훈련 프로그램("생애주기에 걸친 교육과 관련된 지원")을 선택할 것이다. 집안일과 청소에 대한 자기점검과 강화를 위해 자기강화 접근법("개인의 강점/자산과 관련된 지원")을 선택할 것이다. 개인의 지원요구에 맞추기 위해 환경을 수정하고 집안 물품(예를 들어, 야간에 집을 안전하게 지켜 주고, 전등을 켜고 끄고, 온도를 제어하고, 안전문제 발생 시 긴급히 연락할 수 있는 홈 제어장치)들에 집중하는 보편적 학습 설계 전문가("전문적인 중재")의 도움을 선택할 수 있다. 이러한 목록은 개인에게 지원이 필요한 일일 지원시간의 추정과 함께, 필요한 지원의 종류와 빈도를 구체화하기 위해 사용될 수 있다.

삶의 질 영역(QOL domains)을 성과체계로 사용할 경우를 위해, 국제적인 현장 전문가 및 연구자 집단에서 SIS-A와 SIS-C 문항들을 〈표 3〉에 나열된 8개의 삶의 질 영역에 맞추는 행렬표(matrices)를 개발하고 검증하였다. 이를 통해 개발된 행렬표는 웹사이트 http://milieu.ca/children/qa/#tab-id-9(아동용), http://milieu.ca/adults/qa#tab-id-10(성인용)에서 확인할 수 있다.

## 지원체계 요소들을 목표 관련 지원요구에 맞춘다

지원체계의 세 가지 요소는 **전문적 중재**(professional interventions), **통합 환경**(inclusive environments), **구체적 지원 전략**(specific support strategies)을 포함한다. 교육/지원 팀이 수행해야 할 과제는 연관된 개인 목표를 달성하기 위해 이러한 요소들의 하나 또는 그 이상을 실행하는 것이다. 어떤 요소를 사용할 것인가에 대한 선택은 연구 기반 지식, 전문적인 가치와 기준, 경험에 근거한 임상판단, 또는 실행될 지원이 목표 달성을 논리적으로 이끌 수 있도록 하는 팀 구성원 간에 합의된 명확한 근거에 기반한다.

〈표 4〉는 구체적인 지원 전략들에 대한 조작적 정의이다. 이러한 조작적 정의들은 국제적인 델파이 연구(Lombardi, Chiu, Schalock, & Claes, 2017) 결과에 기초한다.

〈표 4〉 구체적인 지원 전략의 조작적 정의

| 지원 전략 | 조작적 정의 |
|---|---|
| 자연적 지원<br>(natural supports) | 지원 네트워크를 구축 및 유지(예를 들어, 가족, 친구, 또래, 동료)하고, 자기옹호, 교우관계, 지역사회 참여/사회적 참여 등을 발전시키기 |
| 공학<br>(technology) | 의사소통 및 개인의 건강과 웰빙을 유지하기 위한 능력을 향상시키고, 개인의 환경 범위에서 성공적으로 기능하기 위한 보조 장치 및 정보 장치들을 사용하기. 이러한 장치들의 예는 의사소통/담화 인식 도구, 기구, 스마트폰, 전자 태블릿/도구, 약 조제 기구(medication dispensing devices), 의료 알람 모니터 등을 포함함 |

| 인공기관 및 보조 장치 (prosthetics) | 몸이 제대로 움직이지 않는 기능들을 동작하게 하기 위한 감각 보조 장치, 운동 보조 장치를 제공하기. 예를 들면, 휠체어, 로봇 팔과 다리, 특수 안경, 보청기, 정형용 기기(orthotic devices) 등이 있음 |
|---|---|
| 생애 주기에 걸친 교육 (education across the lifespan) | 행동기법들(예를 들어, 모델링, 선행사건과 결과 다루기), 과제 분석, 교육과 훈련 전략을 통해 새로운 기술과 행동을 개발하기 |
| 합리적인 편의 (reasonable accommodation) | 건물, 교통, 작업 공간에 대한 물리적 접근성을 확보하기; 안전하고 예측 가능한 환경 조성하기; 개인의 환경 내에서 일상적인 과제를 할 수 있도록 도움을 주는 물리적인 시설 및 기타 편의시설 제공하기 |
| 존엄과 존중 (dignity and respect) | 지역사회 참여, 동등한 기회, 인정, 감사, 재정적 안정, 명예, 개인 목표 설정, 역량(empowerment), 개인지원계획의 조절을 통한 사회적 역할 상태를 향상시키기 |
| 개인의 강점과 자산 (personal strengths/ assets) | 개인이 선호하는 것, 개인의 목표와 흥미, 선택과 의사결정, 동기, 기술과 지식, 긍정적인 태도와 기대, 자기관리 전략, 자기옹호 전략 기술을 촉진하기 |

## 계획된 각 지원을 위해 지원 목표[2]를 명시한다

개인 목표는 바람직한 결과이다. **지원 목표**는 개인 목표를 달성하기 위한

---

2) 번역자 설명: 지원 목표(support objective)는 보다 광범위하고 장기적인 개인 목표(personal goal)를 달성하기 위한 세부 목표의 기능을 함. 원서에서는 goal과 objective를 구분하여 제시하였으나, 이 책(번역서)에서는 goal과 objective 모두 목표로 통일하여 번역하였음.

방법이다. 지원 목표들을 기술하기 위해 일반적으로 사용되는 최선의 실제는 SMART[구체적인 (Specific), 측정 가능한(Measurable), 달성 가능한(Attainable), 관련성 있는(Relevant), 시간 제한적인(Time-bound); Bjeeke & Renger, 2017]이다. 다섯 가지의 기준 중 구체적인 목표 및 시간 제한적 요소를 제외한 나머지 세 가지 기준을 적용한 지원 목표들의 예시가 〈표 5〉에 설명되어 있다(Schalock & Luckasson, 2014, p. 55).

각각의 계획된 지원을 위한 지원 목표를 기술하는 것은 계획 수립 및 실행에 있어서 중요한 활동이다. 구체적으로 지원 목표들은 (a) 개인지원계획을 개발, 실행, 검토하는 사람들 사이에서 협력, 지속성, 책임감을 보장하고, (b) 계획 개발, 실행, 검토, 평가 간의 연결고리를 제공하며, (c) 모든 팀 구성원이 계획의 실행, 검토, 평가에 참여하게 함으로써 조직의 역량을 구축하고, (d) 개인 목표에 대한 진행상황을 검토하고 점검할 수 있게 한다(Bjerke & Renger, 2017; Schalock & Luckasson, 2014).

〈표 5〉지원 목표 예시

- 사회적 통합을 장려하기 위해 개인 목표 설정을 활용한다.
- 장려책(incentives)을 증가시키기 위한 행동지원계획을 제공한다.
- 손님을 저녁식사에 초대하기 위해 음식준비와 안전기술에 관한 컴퓨터 및 비디오에 기반한 교육을 실행한다.
- 사회적 통합을 증가시키기 위해 자해행동을 감소시키기 위한 긍정적 행동지원 프로그램을 실행한다.
- 지역사회 참여를 증가시키기 위해 지역의 자조 옹호 단체와 전자 도구들을 사용한다.

- 원하는 룸메이트와 원활하게 생활하기 위해 사회적 기술을 향상시키는 비디오에 기반을 둔 교육을 한다.
- 반독립적인 생활을 촉진하기 위해서 의료경보장치를 사용한다.
- 데이트에서 의사소통을 하기 위해 컴퓨터 기반 보완 의사소통 시스템을 사용한다.
- 공동체 접근을 향상시키기 위해 지역사회 기반 환경의 편의시설을 옹호한다.
- 사회적 상호작용 및 지역사회 참여를 향상시키기 위해 온라인 의사소통을 개발한다.
- 개인의 역량을 향상시키기 위해 지역사회 기반 자조집단과 네트워크를 형성한다.
- 멀리 떨어져 있는 가족 구성원 및 친구들과 지속적으로 소통하기 위해 Facebook을 사용한다.

# 구성요소 4: 개인지원계획을 실행한다

이 구성요소의 목적은 계획에 대한 실행이 세 가지의 **실행 충실도** 조건에 만족하는지를 확인하는 것이다. 그 세 가지는 준수(adherence), 수준 (competence), 차별화(differentiation)이다(Caran et al., 2017; Hogue & Dauber, 2013; Proctor et al., 2011). 실행 충실도는 사용된 지원들과 성취된 결과들의 관계를 결정하는 데 필수적이기 때문에 중요하다. 실행 충실도에 대한 목적과 근거는 다음의 실행 단계들을 위한 기초를 제공한다.

## 준수를 확인한다

준수(adherence)는 계획이 개발된 대로 실행되는 정도를 의미한다. 계획이 사용자 친화적이고, 협력적으로 개발되고, 널리 배포될수록, 준수를 보장하기 쉽다. 일반적인 가이드라인은 다음과 같다. (a) 계획을 개발한 팀 구성원들에게 그들이 맡은 목표관련 지원/지원 목적들을 기술한 1-2 페이지의 사용자 친화적인 계획을 제시한다. (b) 팀 구성원들이 책임지고 있는 각 지원의 실행 여부를 결정하기 위해 계획에 대한 실행을 자주 검토한다.

## 능숙함을 확인한다

**능숙함**(competence)은 지원 전달의 질적 수준을 의미한다. 지원 코디네이터(또는 사례 관리자)는 계획을 실행하는 사람들이 그들이 제공하기로 한 지원의 실행방법을 이해하고 있는지 확인할 필요가 있다. 이 정보는 직원 교육 프로그램을 통해 개발될 수도 있고, 전자적(electronically)으로 제공된 간단한 지침들을 통해 전달되고 설명될 수도 있다(Materia et al., 2016; Thompson, Schalock, & Tassé, 2018).

## 차별성을 확인한다

**차별성**(differentiation)은 제공된 지원이 분명하게 기술된 정도와 지원체계의 특별한 요소를 의미한다. 이러한 차별성과 특수성은 성과를 평가하고, 증거 기반 실제들을 구축하며, 실행된 특정 지원 전략과 획득한 성과들과의 경험적 관계를 증명하기 위해 필수적이다.

# 구성요소 5: 개인지원계획을 검토한다

이 구성요소의 목적은 다음의 네 가지 검토 기준에 따라 계획을 검토하는 것이다. 네 가지 검토 기준들은 **실행 충실도, 지원 목표들의 상태(status), 개인 목표의 지속적인 관련성, 필요한 지원들의 잠재적 변화들**이다. 그 이유는 사람들과 환경이 변하고, 이러한 점들은 결과적으로 개인의 지원요구에도 영향을 미친다는 것에 있다. 검토 과정은 지원 팀 구성원들이 제공하는 지원의 개입과 지원들의 효율성을 강화할 뿐만 아니라, 개인의 생활 조건과 웰빙 상태의 변화를 축하하는 기회를 제공하기도 한다는 점을 인식하는 것이 중요하다. 구성요소 5에 대한 이러한 목적과 근거는 다음의 단계들에 대한 기초를 제공한다.

## 실행 충실도를 평가한다

앞에서 논의했듯이, 구상하고 개발한 대로 계획을 실행하는 것은 계획의 효율성을 평가하고, 목표를 성취하기 위해 필요한 세부 관련 지원들을 연관시키는 데 필수적이다. 실행 충실도에 대한 평가는 다양한 방법으로 실행될 수 있지만, 간단하지만 타당한 방법으로는 구성요소 4에서 논의된 세 가지의 실행 기준들을 평가하는 것이다. 각 실행 충실도 기준의 상태를 평가하기 위해 3점 척도를 사용할 수 있다. 제안하는 바는 다음과 같다. 각 기준들을 평가하기 위해 사용하는 잠재적인 조작적 정의/지표는 구성요소 4에 제시되어 있다. 실행 충실도를 평가하기 위한 체계는 다음과 같다.

| 실행 충실도 기준 | 지표 | 평가 | 첨언/제안 |
|---|---|---|---|
| 준수<br>(adherence) | 계획이 개발된 대로 실행되는 정도 | 높음, 중간, 낮음<br>(high, medium, low) | |
| 능숙함<br>(competence) | 지원 전달의 질적 수준 | 높음, 중간, 낮음<br>(high, medium, low) | |
| 차별성<br>(differentiation) | 제공된 지원이 분명하게 기술된 정도와 지원 체계의 특별한 요소 | 높음, 중간, 낮음<br>(high, medium, low) | |

## 지원 목표의 상태를 평가한다

능동형 동사[예를 들어, 사용하다(use), 실행하다(implement), 옹호하다(advocate), 개발하다(develop), 연결하다(network); 〈표 5〉 참조]들은 지원 제공자들의 특정 행위를 강조하기 위해 사용된다. 이렇게 행위에 초점을 맞추기 때문에, 각 지원 목표의 상태 평가는 행위가 발생한 정도를 평가한다. 실행 충실도에 대한 평가는(위의 체계표 참조) 3점 Likert 척도(완전 실행, 부분 실행, 실행되지 않음)가 사용될 수 있다.

지원 목표의 상태에 대한 평가가 이루어지면, 팀 구성원들은 세 가지의 질

문을 다룰 필요가 있다. 첫 번째는 어떤 지원 목표가 완전히 실행되었다면, 그것이 유지될 필요가 있는지? 유지될 필요가 있다면 같은 기간과 정도로 지원이 실행되어야 하는지?에 관한 것이다. 두 번째는 지원 목표가 부분적으로 실행되었다면, 부분적 실행의 이유가 무엇인가? 목표가 명확하지 않았는가? 전략/장비가 준비되어 있지 않거나 지속적으로 사용/적용되고 있지 않거나, 새로운 전략이 필요하거나, 또는 완전한 실행을 위해 직원 교육이 필요한가?이다. 세 번째는 그 목표가 실행되지 않았다면 이유가 무엇인지? 지원 목표와 전략이 의미하고 있는 것에 대한 이해가 부족한 것은 아닌지? 혹은 실행 책임자가 누구인지 혼돈이 있었던 것은 아닌지?이다.

## 계획의 지속적 관련성에 대해 논의한다

개인의 삶의 경험, 목표, 지원요구는 시간이 갈수록 변한다. 그렇기 때문에 기술된 목표, 지원요구, 지원 목표, 제공되는 지원들의 지속적인 연관성에 대해 주기적으로 논의할 필요가 있다. 검토 과정의 일부는 대상자와 자신의 개인 목표, 인지된 능력, 필요한 지원들에 대해 계속적으로 대화를 나누는 것이다. 이러한 대화와 논의는 개인의 계획이 지속적으로 개인과 관련성이 있도록 보장하고, 개인이 검토하는 과정 및 잠재적인 변화에서 스스로 필수적인 역할을 할 수 있도록 도움을 준다.

또한 검토 과정은 대상자의 지원요구가 변했는지를 결정하는 기회를 제공한다. 개인의 목표와 함께 지원요구 또한 개인이 경험하는 삶의 사건(life events), 건강 또는 의료적 상황, 그리고/또는 행동 측면의 쟁점들에 따라 변하기 마련이다. 그렇기 때문에 계획을 검토하는 과정 중 중요한 부분으로서, 지원 팀은 다음의 변화들을 결정해야만 한다(예/아니오의 이분법적 메트릭을 활용하여; Thompson et al., 2016).

- 부모, 배우자, 또는 다른 가까운 지인의 죽음과 같은 삶의 사건들, 신체적 상해나 질병, 재정 상황의 변화, 거주 상태의 변화, 고용 상태의 변화, 형사 사법 시스템에 연류됨, 사회적 그리고/또는 취미 활동의 변화, 기술에 대한 접근 또는 기술의 정기적 사용에 관한 변화, 퇴직, 출산
- 건강 또는 의료적 상황
- 도전적 행동

# 구성요소 6: 결과를 평가한다

　이 구성요소의 목적은 개인 목표들의 상태를 평가하고, 목표 성취와 지원 제공 사이의 관계를 결정하기 위한 것이다. 구성요소 6은 성과 평가와 증거 기반 실제들을 점차적으로 강조하는 것에 근거를 두고 있다. 이러한 변화는 지원 팀이 어떻게 개인지원계획 평가에 접근해야 하는지에 영향을 미친다. 검토를 통해, 성과 평가는 제공된 지원체계의 결과가 가져온 개인의 변화 또는 혜택의 정도를 평가한다. 개인지원계획과 관련하여, 그 평가의 중심은 개인의 목표에 있다. 증거 기반 실제들(evidence-based practices)을 수립하는 것은 제공된 지원들과 달성한 개인 목표들과의 관계를 입증하는 과정을 포함한다 (Schalock et al., 2017).

　이 책의 저자들은 기관들이 평가하는 역량은 그들의 자원, 평가 전문지식, 역사, 문화, 연구 역량에 따라 상당히 다르다는 점을 인식하고 있다. 따라서 계획의 주된 평가는 개인의 목표가 성취된 정도가 되어야만 한다. 기관의 연구 역량이 제공된 특정 지원과 목표 달성 간의 인과 관계를 경험적으로 입증하는 팀의 능력을 제한할 수도 있겠으나, 모든 기관은 시작된 실제들과 결과적으로 얻어진 성과들을 문서화하여야 한다. 그러한 문서화는 조직의 효능

(즉, 바람직한 또는 의도된 결과를 생산하는 능력)을 평가하는 기초를 제공한다.

## 개인 목표 달성을 평가한다

팀이 개발한 목표/목적(전통적으로 사용된 전형적인 절차에서의 목표/목적처럼)들을 평가하는 것 대신에, 요즘의 평가는 검토 절차(구성요소 5의 논의 참조, "개인지원계획의 검토")의 핵심 활동으로 간주되는 지원 목적들을 분석하여 개인 목표 달성을 평가하는 것에 초점을 둔다. 이것은 사고 과정과 실행 과정 모두에 중요하다. 평가는 3점 Likert 척도를 사용할 수 있다. 3점 Likert 척도는 각각의 목표가 달성되었음(3), 부분적으로 달성되었음(2), 또는 달성되지 않았음(1)을 나타낸다.

## 목표 달성과 지원 제공 간의 관계를 결정한다.

목표 달성과 지원 제공의 관계를 결정하는 데 필요한 정교함의 수준과 상관없이[즉, 그 팀/기관이 공식적인 연구 과제를 수행 한다든가 또는 비판적 분석(critical analysis)과 체계적인 정보의 통합을 위해 다른 접근 방법을 사용하든 간에], 주어져야 할 평가 질문은 간단하다. "그 팀의 관점과 활용 가능한 데이터를 비추어 보았을 때, 제공된 그 지원(들)은 개인의 목적에(즉, 관련하여) 긍정적 영향을 미쳤는가?" 누적된 종합 데이터를 확보할 수 있다면, 개인에게 사용된 특정적이고 조작적으로 정의된 지원(specific operationally defined support)

과 목표 달성 메트릭 사이의 상관관계를 계산해 볼 수 있다. 이러한 활동에 관한 보다 더 상세한 논의는 Schalock 등(2017)에서 찾아보기 바란다.

목표 달성과 지원 제공과의 상관관계를 결정하는 것뿐만 아니라, 구성요소 5와 6에서 얻어진 데이터는 지속적인 질적 수준 향상(Continuous Quality Improvement: CQI)을 위한 기초로 사용될 수 있다. CQI는 데이터와 정보를 수집·분석하고 분석한 결과를 바탕으로 질적 수준 향상 전략을 실행하는 과정을 통해, 수행과 책무성을 향상시키는 데 중점을 둔 협력적이고 지속적인 과정이다. 이러한 전략들은 정책, 실제, 학습, 기술 지원 및 비판적 사고에 대한 변화를 포함한다(Schalock & Luckasson, 2014; Schalock & Verdugo, 2012). 〈표 6〉은 어떻게 구성요소 5와 6과 관련된 행동 단계들이 CQI에서 사용될 수 있는지를 보여 준다(Lee, 2016; Schalock, Verdugo, & Lee, 2016).

〈표 6〉 구성요소 5와 6으로부터 획득한 정보에 기반한 질적 수준 향상 전략

| 구성요소 | 행동 단계 | 잠재적 질적 수준 향상 전략 |
|---|---|---|
| 5: 개인지원계획검토하기 | 1. 실행 충실도 | • 계획에 대한 접근성 향상<br>• 보다 사용자 친화적인 포맷 사용 |
| | 2. 지원 목표의 상태 | • 관계자 교육 증대<br>• 요구에 따른 지식(knowledge on demand)을 확보하기 위해 정보기술(IT) 사용 증대 |
| | 3. 기술된 목표들과 지원 목표의 관련성 | • 개인과 지원 팀 구성원들과의 대화를 지속함 |
| | 4. 지원요구의 변화 | • 재평가에 대한 체계적인 접근방법 사용(Schalock et al., 2018 참조) |
| 6: 결과 평가하기 | 1. 개인 목표 달성 | • 팀 구성원들이 관련 정보를 알고, 조직적이고, 책임감 있으며, 역량이 강화될 수 있도록 함<br>• 개인에게 중요한 목표 달성과 개인을 위해 중요한 목표 달성 간의 불일치를 분석함. 발생하는 불일치에 대한 지침을 개발하고 적용함 |
| | 2. 목표 달성과 지원 제공의 관계 | • 효과적인 전략을 판별하고 확장하여 활용함<br>• 기관 구성원과 연계된 조직으로부터 얻은 지식을 공유함 |

**2**

A Systematic
Approach to Personal
Support Plans

Chapter 2

# 사례들에 대한 개요

"기관과 체계가 지원정도척도를 사용하는 방법(How Organizations and Systems Use Supports Intensity Scales)" (Schalock, Thompson, & Tassé, 2018; http://aaidd.org/sis/white-papers)이라는 백서에서는 현재 국제적으로 지적·발달장애 분야에 영향을 미치고 있는 여섯 가지 변화에 대해서 설명하고 있다. 이러한 변화들은 다음과 같다.

- 개인과 그들의 권리에 중점을 두기
- 시스템 사고와 논리 모델을 사용하기
- 지원체계 요소들을 개인지원계획에 통합시키기
- 요구에 따른 지식 습득을 용이하게 하고, 지적·발달장애인들이 삶의 활동 영역에서 더욱 성공적으로 참여할 수 있게 하는 정보와 보조 공학을 활용하기, 개인지원계획들을 개발, 실행, 검토, 평가하는 교육/지원 팀들을 고용하기
- 성과와 증거 기반 실제들에 중점을 두기

이러한 변화들은 서비스/지원 제공자들이 지적·발달장애인들과 그들의 가족들에게 어떻게 서비스와 지원을 제공해야 하는지, 서비스/지원을 효과적이고, 효율적이며, 책무성이 있는 지원계획으로 만들어 내는 과정에 대해 보다 차별적이며 비판적으로 생각하도록 한다.

이러한 과정은 전형적으로 정책, 실제, 기술, 역할 등에 대한 변화를 요구하기 때문에 실로 도전적인 시도이다. 예를 들면, 개인중심계획(person-centered planning)은 공평함, 역량(empowerment), 자기결정, 통합의 역할을 지닌 사람들의 활발한 참여를 요구한다. 성과 중심의 개인지원계획을 개발하는 것은 분석, 통합, 시스템 사고, 정량화와 관련한 비판적 사고 기술을 포함한다. 지원 팀은 관련 정보를 인지하고, 자율권을 부여받으며, 책임감 있는 구성원들의 활발한 참여를 요구한다. 정보통신기술과 보조 공학을 활용하는 것은 이러한 도구들이 개인의 지원요구에 얼마나 최적으로 연계되는지, 계획을 개발, 실행, 검토, 평가하는 지원 팀 구성원들에게 요구에 따른 지식을 어떤 방법으로 제공하는지에 대한 이해를 요구한다.

다음 장에 제공되는 네 가지의 사례들은 각 기관에서 이 교재에 설명된 (〈표 1〉 참조) 개인지원계획의 체계적인 접근 요소를 얼마나 통합하고 있는지 예시를 보여 준다. 독자들이 알아차리겠지만, 형식은 비록 다양할 수 있으나, 각각의 예시 **지원계획들은 개인, 개인의 목표, 측정된 지원요구**에 대한 이해에서부터 시작된다. 또한 예로 제시된 계획은 **지원 목표와 성과**를 바탕으로 개발되며, 계획이 어떻게 **실행, 검토, 평가**되는지에 대해 설명한다.

# 3

Chapter 3

## 사례 하나:
## 한 장으로 보는 개인지원계획

# 한 장으로 보는 개인지원계획

•

Tim Lee

저자 주: 이 사례에 제시된 '한 장으로 보는 개인지원계획'은 다분히 사용자 친화적인 양식으로, 계획의 본질적 측면을 의사소통하는 데 매우 효율적이고 효과적인 양식이다. 대만 타이베이에 있는 Qi Zhi 직업훈련센터의 기관 관계자들은 클라이언트가 직접 참여하여 서비스를 모니터링하는 것이 더 나은 지원서비스를 제공하는 데 훨씬 유익하다는 데 인식을 같이하였다. 이에 따라 개인별로 상세하게 작성된 개인지원계획에 근거하여 지원서비스 정보 시스템에 의해 자동 생성되는 '한 장으로 보는 개인지원계획'을 채택하고 사용하기 시작하였다. '한 장으로 보는 개인지원계획'을 통해, 클라이언트는 목표 및 목적의 설정뿐만 아니라 그 목표의 달성 및 목적 실행의 측면에 이르기까지 자신의 지원계획에 대하여 '좀 더 많은 이야기'를 할 수 있게 되었다. 이로 인해 클라이언트는 자신의 서비스를 스스로 모니터링할 수 있게 되었고, 자신의 삶에 대하여 좀 더 자기주도적이고 자율적인 관점에서 접근할 수 있게 되었다. 이해하기 쉬운 개인지원계획의 설계는 다분히 성과 중심적이며, 클라이언트에게 중요한 삶의 질 영역과 정확하게 연계되도록 목표 및 목적을 설정하고 있다.

한 장으로 보는 개인지원계획의 명료함과 단순함이 '포괄적인 계획을 실행하는 것은 아닌 것'으로 오인되어서는 아니 된다. 다음 사례에 제시된 바와 같이, 한 장으로 보는 개인지원계획은 보다 세부적인 지원계획에 근거하여야 한다. 한 장으로 보는 지원계획을 작성하려면 (a) 개인중심계획 과정과 (b) 관련 구성요소들이 포함되도록 계획서가 생성되는 관리정보시스템이 요구된다.

## 개인중심계획 과정

클라이언트는 개인중심계획을 수립하는 과정에서 자신의 궁극적인 목표에 도달할 수 있도록 도움을 주는 가장 중요한 목표와 지원 목표를 제시한다. 이러한 목표 및 목적은 스스로에게 가장 중요한 **삶의 질 영역**에 근거하여 설정된다. 삶의 질 영역과 연계하여 구성된 SIS 문항들은 클라이언트가 그들의 목표에 도달할 수 있게 하는 데 필요한 지원이 무엇인지를 파악하는 데 도움이 된다. 이러한 내용이 한 장으로 보는 개인지원계획의 정중앙에 시각적으로 표현되어야 하며, 단순하고 명료한 방식으로 이해하기 쉽게 작성되어야 한다([그림 2] 참조).

SIS에 근거한 지원 전략에 제시된 각각의 문항은 장기 목표와 중기 목표 혹은 일과에 따라 세분화된다. 중장기적인 목표는 '그 개인에게 중요한' 것으로 확인된 사항들로 구성될 수 있다. 일과에 배치되는 문항들은 항상 가장 필요한 것은 아니더라도 가급적 실현할 수 있어야 하는 것으로 구성되며, '그 개

인을 위하여 중요한 것'이 무엇이냐에 따라 지원요구로 특정된다. 모든 문항
이 중요하겠지만, '그 개인에게 중요한' 문항을 앞쪽과 중앙에 위치시키고 '그
개인을 위해 중요한' 문항들은 측면에 배치한다.

　지원 전략에 사용된 각각의 SIS 문항은 **맥락 지표** 또한 제시하여야 한다. 예
를 들어, 지원이 제공되어야 하는 장소가 직장인지, 집인지, 여가활동 장소인
지, 혹은 지역사회나 학교 혹은 훈련장인지를 제시하여야 한다. 이러한 연계
는 지원 인력들이 필요한 지원을 제공하는 데 있어서 책무성을 지니고 체계
적으로 연결되어야 함을 의미한다. 지원 인력 목록은 한 장으로 보는 개인지
원계획의 우측에 제시하면 된다.

## Jennie Lin의 지원계획

### 나의 지원요구

약물치료 및
의사 방문

자기개발

필요한 직무기술 학습 및
훈련

### 나의 목표 및 꿈

자기결정

직업과 관련된 좋은
선택과 결정

식사준비, 저녁만

권리

카페에서 바리스타로
일하기

개인위생

신체적 웰빙

장시간 노동을 위한
건강 및 체력증진

정서적 웰빙

청구서 결제 및
금전관리

**[그림 2] 한 장으로 보는 개인지원계획 사례**

* 사진은 허락하에 사용함.

## 나의 지원 팀

대인관계

사회적 통합

정서적 웰빙

## 한 장으로 보는 지원계획을 생성하는 데 사용되는 관리정보 시스템의 구성요소

클라이언트의 개인지원계획에 담기는 각 지원 전략은 다음과 같은 구성요소로 나누어 살펴볼 수 있다. 각 전략에 관한 세부 사항들은 지원 인력이 필요한 지원을 제공하고 한 장으로 보는 개인지원계획을 생성하는 데 도움이 된다.

- SIS 문항 - 각 지원 전략은 SIS 문항과 평가 결과에 따라 개발된다.
- 삶의 질(Quality-of-Life: QOL) 영역 - 각 SIS 문항은 특정 삶의 질 영역과 연계된다. SIS 문항과 삶의 질 영역과의 연계는 미리 결정되어 있다. QOL 영역은 개인의 성장, 자기결정, 권리, 대인관계, 사회 통합, 신체적 웰빙, 물질적 웰빙, 그리고 정서적 웰빙으로 나뉜다.
- 클라이언트의 목표 - 지원의 결과로 개인이 성취하고자 하는 것을 의미한다.
- 목표 유형 - 클라이언트의 목표는 각각 장기, 중기, 혹은 일과로 특정된다. 장기 목표는 단수이며, 현재 클라이언트에게 가장 중요한 것으로 결정된다. 중기 목표는 복수로 구성될 수 있으며, 클라이언트의 장기 목표를 지원하기 위해 설정된 중요한 중간 목표라 할 수 있다. 일과는 클라이언트의 건강이나 웰빙에 중요한 지원 목표들로 구성된다.
- 지원 전략 - 이것은 SIS 문항과 평가 결과에 따라 개발된 특정 전략이다.

- **전략 목표** – 이것은 지원 인력이나 타인들이 지원 전략을 실행하기 위하여 설정한 의도적 결과를 의미한다.
- **전략 실행을 위한 세부사항** – 추후 점검을 위한 세부사항과 함께 어떻게, 누가, 언제, 어디서, 어떠한 전략을 실행할 것인지 등을 포함한다.
- **전략 시간 프레임** – 전략의 시작 및 예상 종료 날짜와 예상 지원 빈도를 제시한다.
- **전략 맥락** – 전략이 실행되는 맥락으로 가정, 직장, 지역사회, 여가 및 학습/교육 활동 장면 등이 포함될 수 있다.
- **전략 상태** – 각 전략은 주기적으로 그 효과성을 평가받아야 하는데, 이는 실행 미비, 지속적 실행, 혹은 목표 달성의 상태로 평가될 수 있다.

더 많은 정보가 필요하면 Tim.Lee@vtcidd.org로 연락 바람.

**A Systematic
Approach to Personal
Support Plans**

Chapter 4

# 사례 둘:
# 개인지원계획 개발의
# 연속적 단계

# 개인지원계획 개발의 연속적 단계

●

Cynthia Roling and Yisrael Shurack

저자 주: 지원 팀은 개인지원계획을 개발하기 위해서 많은 관련 정보를 분석하고 종합하며, 우선순위를 정할 필요가 있다. 이 과정은 다음 사례에 제시한 것처럼 4단계의 연속적 과정으로 관리할 수 있다. 4단계는 개인의 주요 지원요구 확인하기, 지원요구를 삶의 질 각 영역에 통합시키기, 표적 지원요구와 특정 지원 전략 연계하기, 지원 전략 점검하기로 구성된다.

## 1단계: 개인의 주요 지원요구 확인하기

첫째, 개인의 주요 지원요구를 확인하기 위해서는 **개인중심사고**(person-centered thinking)를 해야 한다. 개인중심사고란 당사자와 함께 '그 개인에게 중요한 것'이 무엇인지를 확인하기 위하여 상호작용 하는 것을 의미한다. 어떤 개인을 만족시키고 충족시키며 편안하고 행복하게 느끼게 하려면, 삶의 여러 항목 중에서 어떠한 도움이 필요한지 파악해 보아야 한다. 타인과의 관계, 여러 가지 활동, 자주 가는 장소, 반복적인 일상이나 일과, 삶의 리듬이나 속도, 그리고 개인 물품 등도 이에 포함된다. 이 과정에서 가장 중요한 점은 당사자에게는 무엇이 가장 중요한지, 그리고 당사자가 생각하는 삶의 질에 대한 정의가 무엇인지를 확인하는 것이다. 그 사람에게 중요한 것이 무엇인지에 대한 확인은 그 사람이 말한 것, 그 사람이 사용한 단어 혹은 행동으로 나타나는 의사소통 등, 다양한 방식으로 그 내용을 파악할 수 있다.

둘째, 개인의 주요 지원요구를 확인하기 위해서는 '그 개인을 위하여 **중요한 것**'이 무엇인지, 그에 해당하는 문항들을 탐색해야 한다. 여기에는 전형적으로 건강과 안전에 관한 이슈들이 포함되는데, 신체적 건강과 안전, 건강 관리와 예방, 정서적 건강과 안전, 자기충족감을 좀 더 느낄 수 있는 기술을 습득하는 데 필요한 지원, 그리고 그 사람이 자신의 지역사회에서 가치 있는 구성원으로 인식되는 데 필요한 기타 사항들이 포함될 수 있다. 지원정도척도(SIS)를 활용해서 '어떤 개인을 위하여 중요한' 지원 영역이 무엇인지를 확인하면 개인의 목표를 실현하는 데 더 도움이 된다. 이는 개인이 자신의 목표를 이루기 위해 필요한 기술 개발을 지원하기 위해 선택된 전략들이 개인의 지원요구와 직접적으로 연계되기 때문이다. 이때 선택된 목표는 그 개인에 의해서 선정된 것이고 그에 따라 내적인 동기가 부여된 것이기 때문에, 개인이 지원 목표를 달성하기 위한 기술들을 더욱 개발하게 된다.

첫 번째 단계에서 중요한 것은 '그들에게 중요한 것'과 '그들을 위해 중요한 것' 사이의 **균형**에 관한 논의이다. 예를 들어, 건강과 안전, 가치 있는 사회적 역할에 주목하는 것은 중요하다. 그러나 그것이 '그들에게 중요한 것'인가라는 맥락에 맞지 않다면 그것만으로는 불충분하다. 그런데 건강과 안전을 보장하기 위해 선택한 '그들을 위해 중요한' 위기관리 기술이 개인의 삶에서 '그들에게 중요한' 것이라는 데 초점을 둔 지원 전략으로도 동시에 채택될 수 있다. 즉, 신중하고 의도적인 개인중심계획을 통하여 이 두 가지가 공존할 수 있음을 명심해야 한다. '그들에게 중요한 것'과 '그들을 위해 중요한 것'은 상호 간에 영향을 미친다. 어떤 것도 '그들에게 중요한 것'의 일부에도 해당하지 않는데도, (의도적으로) '그들을 위해 중요한 것'으로 채택되지는 않는다. 이러한 균형은 역동적이며, 항상 '그들에게 중요한 것'과 '그들을 위해 중요한 것' 사이의 절충을 포함한다.

## 2단계: 지원요구를 삶의 질 각 영역에 통합시키기

삶의 질(QOL)의 여덟 개 영역은 인간의 삶에서 무엇이 중요한지를 범주화해 놓은 것으로 효과적인 목표 수립에 도움이 된다. 이 영역들은 장애 여부에 관계없이 모든 시민에게 적용할 수 있는 통합적인 틀을 갖추고 있다. 8가지 영역과 연계된 개인적 성과는 크게 세 가지의 넓은 범위, 즉 독립, 사회적 참여, 웰빙 분야에서 개인의 삶의 질을 증진시킨다. SIS로 확인된 대다수의 **지원요구**는 이러한 QOL 영역과 상관관계가 있으며, 삶의 질의 여덟 가지 영역 중 하나의 영역으로 범주화될 수 있다. SIS 문항과 QOL 영역의 연계는 이 사례의 제공자로부터 온라인으로 받아 볼 수 있다.

## 3단계: 표적 지원요구와 특정 지원 전략 연계하기

다음 단계는 개인지원계획의 가장 중요한 부분이다. **지원 전략과 지원 목표를 평가된 지원요구와 실행 가능한 목표와 연계하는** 과정을 포함한다. 각 개인에게는(SIS에 의해 확인된) 몇 가지의 지원요구가 있고, 여기에 얼마나 많은 내용이 포함되어야 하는지에 대한 의문이 발생된다. 일반적으로 QOL의 각 영역은 두 가지의 지원요구에 초점을 두고 있고, 그에 따라 총 16가지의 지원요구가 제시된다. 물론 16가지 모두를 바로 적용해야한다는 의미는 아니다. 하지만 16개의 지원요구를 선택하는 데는 두 가지 측면이 있다. 첫째는 지금 당장 적용해야 할 것뿐만 아니라 미래에 적용하기 위한 것까지 함께 기획해야 한다는 것이다. 따라서 일단 하나의 목표나 지원요구가 성취되고 나면 다른 목표나 지원요구로 쉽게 이동할 수 있다. 둘째는 개인지원계획 과정을 통해 이 16가지 지원요구를 다루다 보면, 결과적으로 개인과 그의 삶에 대하여 보다 자세하게 이해하게 된다는 것이다. 한 가지의 지원요구만을 집중적으로 다

룰 때 쉽게 간과할 수 있는 점들이 발생한다는 점이다. 지원요구를 선택할 때
는 우선 개인의 삶과 가장 연관성이 높은 두 가지를 선택하는 것이 중요하다.

모든 지원 전략에 대하여, 중요한 점은 지원 목표를 분명히 할 필요가 있다
는 것이다. 지원 목표는 행동적인 것이 아니라 개인적 성과를 의미한다. 예를
들어, 행동적 목표가 "Joe는 더 이상 그 많은 쿠키를 먹지 않을 것이다."라고
해 보자. 이 경우, 개인의 성과 목표는 "Joe는 스낵과 관련된 건강문제에 대한
결정을 내리는 기술을 학습할 것이다."로 수립될 수 있다. 또한 중요한 점은
평가된 각각의 요구나 목표를 위한 지원 전략을 너무 많이 선택하지 않아야
한다는 점과, 누가 그 지원 전략에 책임질 것인지를 반드시 고려해야 한다는
점이다. 지원 전략은 자주 고찰해 볼 필요가 있고, 훈련이 필요하다면 훈련을
제공해야 한다. 그리고 일관성을 위하여 개인을 지원하는 각각의 관계자들
이 지원 전략과 지원 목표에 대해 충분한 정보를 지니고 있어야 한다. 효과성
을 측정하고 점검하기 위해서는 매일매일 지원 전략에 관한 보고서를 작성할
것을 권장한다.

## 4단계: 지원 전략 점검하기

지원 전략과 관련하여 매일매일 일상의 결과를 평가할 때, 점검자는 과거
의 문제해결에서부터 미래의 기술 개발로 옮겨 가며 점검해 볼 필요가 있다.
점검하기 단계에는 잠재적 가설의 영향 이해하기, 지원 인력이 지녀야 할 가
치와 신념, 필요한 만큼 지속적으로 지도하기가 포함된다. 우리는 공유비전

(Sharevision)이라 부르는 성과관리 소프트웨어를 사용한다. 이 도구로 개인에게 제공되는 지원과 관련된 양적, 질적 자료들을 수집한다. 지원 전략을 점검할 때, 점검자는 직원들이 그것이 실제로 지원의 영향을 반영한 것인지에 대하여 관련성 있고 의미 있는 정보를 제공할 수 있도록 적절한 질문을 하여야 한다.

우리 직원들은 당사자와 매일 상호작용한 내용을 공유비전에 보고서를 올린다. 우리가 특정한 지원 전략을 평가하고자 할 때, 우리는 직원들에게 다음과 같은 질문을 한다. "그 개인은 무엇을 했나요(언제, 어디서, 무엇을, 얼마나), 거기에 누가 있었나요, 당신은 선택한 지원 전략의 좋은 점이 무엇이라고 생각하나요, 선택한 지원 전략이 잘 맞지 않았다면 이를 통해 무엇을 배웠나요, 그 개인이 제공된 지원을 좋아하지 않았나요, 그렇다면 당신 생각에는 어떤 다른 요구가 필요하다고 보세요?" 직원들은 이러한 정보와 관찰 내용을 공유비전의 일지에 기록한다. 일지의 아래 부분에는 낮은 효과, 중간 효과, 높은 효과의 3점 척도가 제시되어 있다. 이 척도의 목적은 **지원 전략이 개인의 목표 달성에 미치는 효과를 점검**하는 데 있다. 여기서 수집된 정보는 바람직한 **지원 목표에 근거한 진전도를 평가**하는 데 사용된다. 선택한 지원 전략이 잘 작동했을 때, 혹은 잘 작동하지 않을 때 이 척도를 선 그래프나 그림으로 전환시켜서 활용할 수 있다. 라인이 상승한다는 것은 전략이 잘 작동한다는 것이고, 라인이 하강한다는 것은 전략이 잘 작동하지 않음을 의미한다. 선 그래프는 해당 개인이 자신의 목표를 달성해 가는 진전도를 시각적으로 보여 준다. 관리자는 목표 노트와 3점 척도의 선 그래프를 적어도 일주일에 한 번씩은 확

인하여, 지원 전략이 잘 작용하는지 확인하고 해당 개인이 실제로 자신의 목
표를 달성하고 자신의 삶의 질을 증진시키고 있는지 확인해야 한다.

　더 많은 정보가 필요하면 Cynthia Roling(Cynthia.roling@milieu.ca) 혹은
Yisrael Shurack(Yisrael.shurack@milieu.ca)로 연락 바람.

# 5

A Systematic
Approach to Personal
Support Plans

Chapter 5

## 사례 셋:
## 개인지원계획 과정에
## 성인용 지원정도척도의 사용

# 개인지원계획 과정에
# 성인용 지원정도척도(SIS-A)의 사용

•

Donna Ohling, Robyn Ratcliff, Jackie Webb, Vincent Scott

저자 주: 애리조나 훈련 및 평가센터(AZTEC: Arizona Training & Evaluation Center, Inc.)는 장애인을 위한 개인지원계획(ISP)의 개발을 지원하기 위해 예비 연구를 통하여 성인용 지원정도척도(SIS-A)를 실행한 애리조나 기관 중의 한 곳 이다. 성인용 지원정도척도를 실행한 목적은 개인의 지원요구를 확인하고, 그 요 구를 개인지원계획의 수립에 통합시키는 데 있다. 다음의 사례는 개인별 계획 수 립 및 실행 과정상의 성인용 지원정도척도의 사용을 강조한다.

# C.D.에 대한 소개

C.D.는 가족과 가깝게 지내는 45세의 남성이다. C.D.의 어머니는 정상적인 임신과 출산 과정을 거쳤다. 하지만 C.D.는 태어난 직후부터 고열과 경련 증상을 보였는데, 이러한 현상은 8~9세까지 지속되었다. 그의 장애는 일찍부터 발견되었고 진단을 받았으며, 학령기 내내 특수교육을 받았다. C.D.는 1987년에 집중적인 관리 감독을 받는 거주시설에 배치되었는데, 이는 부모나 보호자들이 더 이상 그의 부적응 행동을 견디기 어려웠기 때문이다.

C.D.는 1994년 여름에 고등학교를 졸업했다. 졸업 후에는 직업 적응 프로그램에 참여하였다. 1996년 5월, I.S.P. 팀은 C.D.가 의미 있는 진전을 보였으며, 현재 기거하고 있는 곳보다는 좀 더 자유로운 주거환경으로 옮길 필요가 있고, 그가 현재 일하고 있는 지역사회로 좀 더 통합될 필요가 있다고 생각하게 되었다.

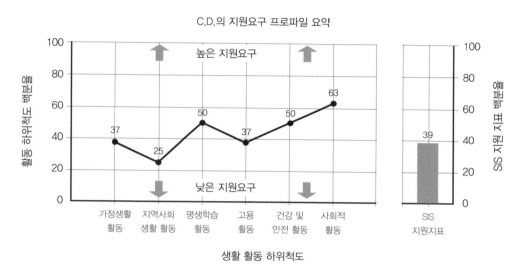

[그림 3] C.D.의 지원요구 프로파일 요약

# C.D.를 위한 개인지원계획

## 현재의 일상 활동 및 환경

C.D.는 다른 세 명의 남성과 함께 사는 주거환경에서 생활한다. 그는 혼자 욕실 사용하기를 즐기는 편인데, 가끔 깨끗이 사용할 것을 촉구해 줄 필요가 있다. C.D.는 지역 재활용센터에서 일하면서 지역사회에 성공적으로 통합되어 살아가고 있다. 스페셜 올림픽 활동에 참여하여 경쟁하는 사회·운동적인 측면을 즐기기도 한다. C.D.는 오랫동안 사귀어 온 여자 친구가 있고

매일 그녀와 전화 통화를 한다. C.D.는 지역사회에 나가 잡화점에서 쇼핑하기를 좋아하며, 춤을 추거나 영화를 보거나 외식하는 것을 즐긴다. 집에 있을 때는 TV를 자주 보고, 함께 사는 동료나 직원들과도 잘 어울려 지낸다. 전반적으로 C.D.는 잘 적응하고 있고, 매일의 가정생활과 관련된 대부분의 영역에서 독립적인 편이다.

## 관심, 선호 및 기대 성과

C.D.는 매일의 정해진 일과(routine), 약속이나 예정된 모임 등을 조직하는 데 도움을 주는 일일 플래너(캘린더)가 있다. C.D.는 휴가/여행, 롤러스케이트, 수영, 스포츠, 볼링, 스페셜 올림픽, 긍정적 피드백, 가족과 함께하는 방문, 직원들과의 일대일 상호작용, 외식(특히 멕시칸 음식) 등을 즐긴다. 그는 직장에 친구도 많고 항상 새로운 사람과 만나거나 새로운 친구를 만들기 좋아한다. 당뇨 증세가 있기는 하지만, 건강과 관련해서 시급한 목표나 고려사항이 있는 것은 아니다. C.D.는 지금 당장은 직업을 옮기거나 바꿀 만한 특별한 바람을 표현하지 않고 있다.

## 요구되는 지원

지원계획 회의에서는 C.D.의 개인적 목표와 희망사항 그리고 SIS-A의 결과를 검토하고 논의하였다. C.D.와 팀에 참여한 구성원들은 평생학습, 지역사회 생활 활동, 사회적 활동 영역에 집중하기로 하였다. 세 가지 영역에 걸쳐 다섯 가지의 지원요구 영역과 관련 지원 전략을 확인하고 실행하였다.

1. C.D.는 투렛 증후군으로 진단받았다. 투렛 증후군의 징후로 여겨지는 틱이나 행동과 관련된 문제들이 나타날 수 있다. C.D.에게는 사회적 활동에 참여하는 동안에 가장 많은 지원이 요구되는데, 이는 그가 사회 활동에 적극적으로 참여하기 때문이며, 집 안의 동료들이나 타인과 여가 활동에 참여하거나 친구를 만들고 유지하는 데 필요한 적절한 사회적 기술에 주의를 기울일 필요가 있기 때문이다. 타인과의 의사소통을 특히 강조하는 것은 이러한 기술이 그의 지속적인 성장에 핵심적인 열쇠가 될 만한 구성요소이기 때문이다. 이러한 사회적 상호작용을 장려하기 위해서, C.D.는 사회적 에티켓 기술 프로그램에 매일 참여할 필요가 있다.

2. C.D.에게는 가정에서의 생활과제 수행과 관련하여 일부 지원이 요구된다. 그는 음식 준비하기, 집 안 청소, 의복과 관련된 허드렛일, 욕실 사용, 개인위생 등의 영역에서 구어적·신체적 촉진이 필요하다.

3. C.D.는 지역사회에서 돌아다닐 때에는 전반적인 신체적 지원이 필요하다. 직원들은 반드시 지역사회 이동수단의 모든 면을 점검하고 동행해야 한다. 투렛 증후군 행동으로 인해 개인적 자각과 안전 기술이 결여되어 있기 때문에, 신체적 촉진과 모델링을 결합한 지속적인 관리 감독을 제공할 필요가 있다.

4. C.D.에게는 스트레스 대응 방법을 학습하는 치료적 지원이 지속적으로 요구된다. 자신의 생각과 감정에 관하여 직원들과 매일 의사소통함으로써 당황하거나 분노에 이르는 것을 예방할 수 있다. C.D.에게 가장 중요한 표적 성과는 직장이나 가정에서의 타인과의 상호작용이다.

5. 직장 같은 고용영역에서 비교적 낮은 지원이 요구되는 것은 그의 직무가 본질적으로 반복적인 업무이기 때문이며, 그는 적절한 속도와 질로 자신의 작업과제를 수행할 수 있다. 그는 또한 독립적으로 작업을 하는데 이는 타인과 상호작용할 기회를 최소화함으로써, 동료 작업자에게 지나친 과잉행동을 보이거나 공간을 침해할 기회를 최소화한다.

## 점검하기, 검토하기, 평가하기

지원 팀 구성원들과 C.D.는 정기적으로 지원이 이루어지는 공간에서의 효과성이나 개인적 성과에 대한 진전도를 놓고 의사소통할 것이다. 가족과 연락을 하기는 하지만, C.D.는 자연적인 지원보다는 지원제공 기관으로부터 지원받기를 선호한다. 이 계획은 지원 수준에 변화가 요구되는지를 결정하기 위해서 매 90일마다 검토될 것이다.

더 많은 정보가 필요하면 Donna Ohling(Dohling@aztec1.net)으로 연락 바람.

A Systematic
Approach to Personal
Support Plans

Chapter 6

# 사례 넷:
# 성과 중심의 개인지원
# 계획 형식

# 개인지원계획 개발에
# SIS와 관련된 성과체계 활용하기

•

저자 주: 개인지원계획은 통상 다단계의 과정을 거쳐 개발된다. 이 다단계에는 성과체계 선택하기, 선택한 체계 내에서 개인적 목표 우선순위화하기, 지원정도 척도의 자료를 사용하여 지원요구 확인하기, 목표 관련 지원요구를 지원시스템의 요소와 연계시키기, 각각의 제공된 지원에 대한 지원 목표 구체화하기 등이 포함된다. 이 과정에서의 핵심은 개인중심계획과 지원정도척도의 정보를 통합함으로써 개인의 기능 수준과 삶의 질을 촉진하기 위한 보다 의미 있는 계획을 개발해 내는 데 있다.

개인중심계획과 지원정도척도의 정보의 통합을 촉진하기 위하여, AAIDD에서 출판한 세 개 분야 18단계의 과정으로 구성된『성인용 지원정도척도(SIS-A)를 활용한 개인중심계획: 계획 팀을 위한 안내서』(Thompson et al., 2017)를 참고한다. 안내서의 내용은 각 개인의 SIS-A 결과를 검토하는 것에 서부터 시작하여 개발되었던 계획이 실제 현장에서 적용되는 과정이 어떠했는지에 대한 고찰로 종료된다. 이 안내서에 기술되지 않은 사항은 개인중심계획과 SIS-A의 통합이 어떻게 SIS-A에 근거한 성과체계로 구조화될 수 있는지에 관한 것이다. 이러한 체계는 개인의 목표 달성을 평가하고 제공된 특정 지원과 목표 달성 사이의 관계를 확인하는 데 도움이 된다.

다음 사례는 개인중심계획과 SIS-A의 정보가 어떻게 SIS-A와 관련된 성과체계로 조직화될 수 있는지를 보여 준다. 제안된 양식은 개인지원계획에 대한 체계적 접근이 종합되어 제시될 수 있도록 기타 구성요소(즉, 기능)들을 구조화하고 있다. 고찰해 보면, 이러한 기타 기능에는 개인에 대한 이해, 개인의 지원요구에 대한 이해, 계획 개발하기 등이 포함된다(〈표 2〉 참조).

SIS와 관련된 성과체계의 구성요소

| 성과 영역 | 우선순위화된 개인 목표* | 관련 지원요구** | 제공된 특정 지원*** | 지원 목표**** |
|---|---|---|---|---|
| 가정 생활 | | | | |
| 지역사회 생활 | | | | |
| 평생학습 | | | | |
| 고용 | | | | |
| 건강과 안전 | | | | |
| 사회적 | | | | |
| 의료적 | | | | |
| 행동적 | | | | |

\* 그 개인에게 무엇이 중요하며 그 개인을 위해서 무엇이 중요한지에 근거함.

\*\* SIS 온라인 가족 친화적 보고서에 제공된 SIS-A 문항 중 높은 순위에 근거함.

\*\*\* 구체적인 사례는 「지원정도척도의 신뢰도와 타당도 증거」라는 제목이 붙은 백서의 표 참조.
(Thompson, Schalock, and Tassé, 2018; http://aaidd.org/sis/white-papers)

\*\*\*\* 구체적인 사례는 「지원정도척도의 신뢰도와 타당도 증거」라는 제목이 붙은 백서의 표 참조.
(Thompson, Schalock, and Tassé, 2018; http://aaidd.org/sis/white-papers)

참고
문헌

Bjerke, M. A., & Renger, R. (2017). Being smart about writing SMART objectives. *Evaluation and Program Planning, 61,* 125–127.

Caran, A., Berube, A., & Paquet, A. (2017). Implementation evaluation of early intensive intervention programs for children with autism spectrum disorders: A systematic review of studies in the last decade. *Evaluation and Program Planning, 62,* 1–8.

Gomez, L. E., & Verdugo, M. A. (2016). *Outcome evaluation.* In R. L. Schalock and K. D. Keith (Eds.), *Cross-Cultural quality of life: Enhancing the lives of persons with intellectual disability* (pp. 71–80). Washington, DC: American Association on Intellectual and Developmental Disabilities.

Herpes, M. A., Buntinx, W. H. E., Schalock, R. L., van Breukelen, G. J. R., & Curfs, M. G. (2016). Individual support plans of people with intellectual disabilities in residential services: Content analysis of goals and resources in relation to client characteristics. *Journal of Intellectual Disability Research, 60,* 254–262.

Hogue, A., & Dauber, S. (2013). Assessing fidelity to evidence-based practices in usual care: The example of family therapy for adolescent behavior problems. *Evaluation and Program Planning, 37*, 21-30.

Lee, T. (2016). *Continuous quality improvement.* In R. L. Schalock and K. D. Keith (Eds.). *Cross-Cultural quality of life: Enhancing the lives of persons with intellectual disability* (pp. 93-108). Washington, DC: American Association on Intellectual and Developmental Disabilities.

Lombardi, M., Chiu, C-Y., Schalock, R. L., & Claes, C. (2017). *Aligning UNCRPD articles, QOL domains, and supports: An international Delphi study.* Unpublished manuscript. Department of Special Education, Gent University (Belgium).

Materia, F. T., Miller, E. A., Runion, C., Chesnut, R. P., Irvin, J. B. Richardson, C. B., & Perkins, D. F. (2016). Let's get technical: Enhancing program evaluation through the use and integration of internet and mobile technologies. *Evaluation and Program Planning, 56*, 31-42.

Mosteret, R. (2016). *Personal involvement and empowerment.* In R. L. Schalock and K. D. Keith (Eds.), *Cross-Cultural quality of life: Enhancing the lives of persons with intellectual disability* (pp. 49-58). Washington, DC: American Association on Intellectual and Developmental Disabilities.

Nussbaum M. C. (2011). *Creating capabilities: The human development approach.* Cambridge, MA: Belknap Press of Harvard University Press.

Pazey, B. L., Schalock, R. L., Schaller, J., & Burkett, J. (2016). Incorporating quality of life concepts into education reform: Creating real opportunities for students with disabilities in the 21st century. *Journal of Disability Policy Studies, 27*, 96-

105.

Proctor, E., Silmere, H., Raghavan, L., Hovmans, P., Aarons, G., Bunger, A. et al. (2011). Outcomes for implementation research: Conceptual distinctions, measurement challenges, and research agenda. *Administration and Policy Mental Health Services Research, 38,* 65-76.

Schalock, R. L., Gomez, L. E., Verdugo, M. A., & Claes, C. (2017). Evidence and evidence-based practices: Are we there yet? *Intellectual and Developmental Disabilities, 55,* 112-119.

Schalock, R. L., & Luckasson, R. (2014). *Clinical judgment* (2nd ed.). Washington, DC: American Association on intellectual and Developmental Disabilities.

Schalock, R. L., Luckasson, R., Tassé, M. J., & Verdugo, M. A. (in press). A holistic theoretical approach to intellectual disability: Going beyond the four current perspectives. *Intellectual and Developmental Disabilities.*

Schalock, R. L., & Verdugo, M. A. (2012). *A leadership guide for today's disabilities organizations: Overcoming challenges and making change happen.* Baltimore: Brookes.

Schalock, R. L., Verdugo, M. A., & Lee, T. (2016). A systematic approach to an organization's sustainability. *Evaluation and Program Planning, 56,* 56-63.

Shogren, K. A., & Turnbull, H. R. (2014). Core concepts of disability, the Convention on the Rights of Persons with Disabilities, and public policy research with respect to developmental disabilities. *Journal of Policy and Practice in Intellectual Disabilities, 11,* 19-26.

Shogren, K. A., Wehmeyer, M. L., Schalock, R. L., & Thompson, J. R. (2017). *Reframing educational supports for students with intellectual disability through* strengths-based approaches. In M. L. Wehmeyer and K. A. Shogren (Eds.), *Handbook of research-based practices and educating students with intellectual disability* (pp. 17-30). New York: Routledge/ Taylor and Francis Group.

Thompson, J. R., Bryant, B. R., Schalock, R. L. Shogren, K. A., Tassé, M. J., Wehmeyer, M. L., Campbell, E. M., Craig, E. M. (Pat), Hughes, C., & Rotholz, D. A. (2015). *Supports Intensity Scale-Adult Version User's Manual*. Washington, DC: American Association on intellectual and Developmental Disabilities.

Thompson, J. R., Doepke, K., Holmes, A., Pratt, C., Myles, B. S., Shogren, K. A., & Wehmeyer, M. L. (2017). *Person-centered planning with the Supports Intensity Scale-Adult Version(SIS-A)$^{TM}$ : A guide for planning teams*. Washington, DC: American Association on Intellectual and Developmental Disabilities.

Thompson, J. R., Shogren, K. A., Seo, H., Wehmeyer, M. L. & Lang, K. M. (2016b). Creating a SIS-A annual review protocol to determine the need for reassessment. *Intellectual and Developmental Disabilities, 54*, 217-228.

Thompson, J. R., Shogren, K. A., & Wehmeyer, M. L. (2017). *Supports and support needs in strength-based models of intellectual disability*. In M. L. Wehmeyer and K. A. Shogren (Eds.), *Handbook of research-based practices and educating students with intellectual disability* (pp. 31-49). New York: Routledge/Taylor and Francis Group.

Thompson, J. R., Wehmeyer, M. L. Hughes, C., Shogren, K. A. Seo, H., Little, T. D., ···, Tassé, M. J. (2016). *Supports Intensity Scale-Children's Version (SIS-C)$^{TM}$ Interview and Profile Form*. Washington, DC: American Association on Intellectual and Developmental Disabilities.

Van Loon, J., van Hove, G., Schalock, R. L., & Claes, C. (2008). Measuring quality of life: The complex process of development of the Personal Outcomes Scale. *Journal of Intellectual Disability Research, 52,* 789-798.

Verdugo, M. A., Navas, P., Gomez, L. E., & Schalock, R. L. (2012). The concept of quality of life and its role in enhancing human rights in the field of intellectual disability. *Journal of Intellectual Disability Research, 56,* 1036-1045.

# 저자 소개

**Robert L. Schalock**은 Hastings College(Nebraska)의 명예교수이다. 그는 Hastings College에서 학과장을 역임하고 1967년부터 2000년까지 인지 실험실을 총괄하였으며, 현재는 University of Kansas, University of Salamanca(스페인), Gent University(벨기에), University of Chongqing(중국)에서 겸임 연구직을 맡고 있다. Bob(Robert의 애칭)은 40년 이상 지적장애 학계에서 연구를 해 왔다. 1972년 이후로 그는 장애인의 지역사회 기반 프로그램 개발 및 평가, 삶의 질 및 서비스 지원 시스템 내에서 개별화된 지원을 계획하고 실행하는 지원 패러다임에 중점을 두어 연구를 진행해 왔다. Bob은 개인 및 프로그램 성과, 지원 패러다임, 적응행동, 임상 판단, 삶의 질, 장애기관의 변화 영역에서 많은 연구물을 출판하였다. 그는 또한 미국 지적 · 발달장애협회(AAIDD)에서 활발하게 활동하였으며, AAMR(1997~1998) 및 Academy on Mental Retardation(1988~1991)의 학회장을 역임하였다. Bob은 현재 2021년 AAIDD에서 출간 예정인 『지적장애: 정의, 진단, 분류, 지원체계』(제12판)의 공저자이다.

**James R. Thompson**은 직접적인 지원 제공자, 특수 교사, 교사 교육자, 연구자 등을 통해 발달장애 아동과 성인을 위한 지원에 집중하며 30년 이상 전문가로서의 역할을 하였다. Jim(James의 애칭)은 전문가 양성과 장애인에게 제공되는 서비스에 중점을 둔 다양한 연구 프로젝트(예: 개인의 삶의 질을 향상시키기 위해 보다 효율적으로 지원을 파악하여 제공하는 평가도구를 개발하고, 타당화하며, 활용하는 연구 프로젝트)의 책임 혹은 공동 책임 연구자로 연구를 진행해 왔다. Jim은 성인용 및 아동용 지원정도척도의 책임 개발자이며, 현재 50여 년간 지속적으로 AAIDD에서 출간하고 있는 『Intellectual and Developmental Disabilities』 학술지의 편집장을 맡고 있다.

**Marc J. Tassé**는 Ohio State University의 심리정신학과의 교수이자 University Center for Excellence in Developmental Disabilities인 Nisonger Center의 소장이다. 그는 지적·발달장애 영역에서 140편이 넘는 학술지, 교재 챕터, 책을 출판하였다. Marc는 현재 2021년 AAIDD에서 출간예정인 『지적장애: 정의, 진단, 분류, 지원체계』(제12판)의 공저자이다. Marc는 AAIDD, American Psychological Association, International Association for the Scientific Study of Intellectual and Developmental Disabilities의 선임연구원으로 선출되었다. Marc는 또한 AAIDD의 학회장(2012~2013)을 역임하였다.

# 역자 소개

## 서효정
미국 University of Kansas 특수교육 전공 철학박사(Ph.D.)
현) 공주대학교 특수교육과 부교수


## 임경원
공주대학교 특수교육 전공 교육학박사(Ph.D.)
현) 공주대학교 특수교육과 교수
　사회복지법인 민들레처럼 대표이사


## 전병운
단국대학교 특수교육 전공 교육학박사(Ph.D.)
현) 공주대학교 특수교육과 교수

지원정도척도(SIS)를 활용한
# 발달장애인 개인지원계획
A Systematic Approach to Personal Support Plans

2020년  5월 10일 1판 1쇄 인쇄
2020년  5월 15일 1판 1쇄 발행

지은이 • Robert L. Schalock · James R. Thompson · Marc J. Tassé
옮긴이 • 서효정 · 임경원 · 전병운
펴낸이 • 김진환
펴낸곳 • ㈜ 학지사

　　　　　04031 서울특별시 마포구 양화로 15길 20 마인드월드빌딩
대표전화 • 02-330-5114　　팩스 • 02-324-2345
등록번호 • 제313-2006-000265호

홈페이지 • http://www.hakjisa.co.kr
페이스북 • https://www.facebook.com/hakjisa

ISBN 978-89-997-2109-0  93370

정가 7,000원

이 도서의 국립중앙도서관 출판시도서목록(CIP)은 서지정보유통지
원시스템 홈페이지(http://seoji.nl.go.kr)와 국가자료공동목록시스템
(http://www.nl.go.kr/kolisnet)에서 이용하실 수 있습니다.
(CIP 제어번호: CIP2020016621)

출판 · 교육 · 미디어기업 학지사

간호보건의학출판 학지사메디컬 www.hakjisamd.co.kr
심리검사연구소 인싸이트 www.inpsyt.co.kr
학술논문서비스 뉴논문 www.newnonmun.com
원격교육연수원 카운피아 www.counpia.com